Tatja Deck

Spiel- und Geschichtensäckchen für den Kindergarten

22 Ideen für Morgenkreis, Angebots- und Freispielzeit

Impressum

Spiel- und Geschichtensäckchen für den Kindergarten
22 Ideen für Morgenkreis, Angebots- und Freispielzeit

Autorin und Fotos
Tatja Deck

Lektorat
Urte Schroeder

Gestaltung
Sebastian Vollmar

Druck
AZ Druck und Datentechnik GmbH, Kempten
Gedruckt auf chlorfrei gebleichtem Papier

Verlag
Bananenblau – Der Praxisverlag für Pädagogen
E-Mail: info@bananenblau.de
www.bananenblau.de

pinterest.de/bananenblauverlag

facebook.com/bananenblauverlag

instagram.com/bananenblauverlag

ISBN 978-3-946829-79-9

Hier können Sie die Anleitungskarten und Kopiervorlagen herunterladen:

bananenblau.de/spiel-und-geschichten-saeckchen-download

Inhalt

Dieses Buch widme ich den wichtigsten
Menschen in meinem Leben

meiner Mama Anne
meinem Papa Peter †
meinem Mann Markus
meiner Tochter Leonie
meinem Sohn Joel

TATJA DECK

Die größte Kunst ist es,
den Kindern alles,
was sie tun oder lernen sollen,
zum Spiel und Zeitvertreib
zu machen.

JOHN LOCKE

Vorwort

Liebe Leserinnen und Leser,

dieses Buch soll keine strenge Anleitung mit unendlich viel Text sein, sondern eine kurze, übersichtliche Ideensammlung.

Neben einer Nähanleitung im Anhang des Buchs, können Sie Anleitungskarten und Kopiervorlagen herunterladen, die dabei helfen, ohne großen Zeitaufwand einige meiner Säckchen herzustellen. Einmal angefertigt, können diese Säckchen von Gruppe zu Gruppe weitergereicht werden.

Ich möchte dazu inspirieren auf vielseitige Art und Weise kreativ zu sein. Über Jahre hinweg hat sich bei mir ein buntes Allerlei an Materialien angesammelt. Alle schön verstaut im Keller, gehütet wie ein Schatz. Irgendwann kam mir der Gedanke zu diesem Buch und dass es schön wäre, meine Ideen zu teilen. Meine große Leidenschaft ist das Nähen, daher sind meine Säckchen alle aus Stoff gefertigt. Sie sind waschbar, langlebig und für Kinder ansprechend, da die bunten Stoffe passend zum Inhalt der Säckchen ausgesucht wurden. Sie regen die Kreativität an, unterstützen im Alltag und fördern liebevoll die kindliche Entwicklung. Sie sind inspiriert vom Konzept der Pädagogin Maria Montessori.

»Es gilt, das Kind in seiner einzigartigen Persönlichkeit zu achten, es liebevoll zu fördern, es als ganzen, vollwertigen Menschen zu sehen«, lautet ein Zitat von ihr.

Sie ist ein großes Vorbild und eine pädagogische Leitlinie in meiner jahrelangen Arbeit als Erzieherin.

Ich bin seit mehr als 30 Jahren in meinem Beruf tätig. Mir war es schon immer ein großes Anliegen, für Kinder einen Wohlfühlort zu schaffen. Für mich ist es schön, wenn die Kinder morgens freudestrahlend vor mir stehen, mich kurz begrüßen und losstürmen, um sich in ein neues Kindergartenabenteuer zu stürzen. Ich wünsche mir einen achtsamen, herzlichen und respektvollen Umgang mit Kindern.

Mit diesem Buch möchte ich allen Menschen, die mit Kindern arbeiten, einen hilfreichen Begleiter zur Hand geben, um die Spielwelt unserer Kinder lebendiger und bunter zu gestalten. Viele Ideen sind schnell und leicht umsetzbar und helfen dabei, Zeit im Arbeitsalltag einzusparen.

Sie sind mehrfach in der Praxis erprobt und von Kindern, Kolleginnen und Kollegen mit »Daumen hoch« bewertet worden.

In diesem Sinne wünsche ich viel Spaß beim Lesen und Ausprobieren!

Tatja Deck

Um den Lesefluss nicht zu behindern, verwenden wir in diesem Buch häufig nur die männliche Form. Es dürfen sich aber immer alle Geschlechter angesprochen fühlen.

Allgemeine Hinweise

- Als Erstes ist zu überlegen, ob man sich die Zeit fürs Nähen der Stoffsäckchen selber nehmen kann oder nicht. Ansonsten finden sich in jeder Einrichtung nähbegeisterte Eltern und Großeltern, die sicher gerne bereit sind, Sie bei der Herstellung der Säckchen tatkräftig zu unterstützen. Laden Sie doch zu einem Nähnachmittag ein. Bei einer geselligen Runde mit netten Gesprächen entstehen im Nu die Säckchen. Eine Nähanleitung finden Sie am Ende des Buches. Als einfache Variante dient eine Schachtel oder Stofftasche als Aufbewahrungsalternative. Eine weitere Idee, die Materialien hübsch zu verstauen, sind schlichte Baumwollsäckchen, die zusammen mit den Kindern bemalt und gestaltet werden können. Auch so können einzigartige Säckchen entstehen.

- Dieses Buch ist in **zwei** Kategorien unterteilt. Einmal gibt es die Säckchen für Morgenkreis und Angebotszeit, die immer von Pädagogen angeleitet werden. Dann gibt es noch die Säckchen für die Freispielzeit, die das Spiel der Kinder fördern. Diese Säckchen können selbstständig hergeholt und genutzt werden. Sie werden von den Kindern alleine nach kurzer Anleitung durch eine pädagogische Fachkraft gespielt.

- Die Erfahrung hat gezeigt, dass es interessierte Kinder gibt, die sich nach dem angeleiteten Angebot selber mit den Säckchen beschäftigen möchten. Geben Sie Raum für freie Spielmöglichkeiten und unterstützen Sie die Spielfreude der Kinder. Das Nachspielen zeigt, dass die Kinder Spaß am Säckchen hatten und weiteres Interesse haben.

- Zu jedem Säckchen können Sie eine Anleitungskarte herunterladen und bei einigen Säckchen zusätzlich Kopiervorlagen für Spiel- und Legematerialien, Malvorlagen usw.
  - Die Anleitungskarten werden auf buntes Papier gedruckt (Kinder lieben es farbenfroh) und ebenfalls im Säckchen aufbewahrt. Somit ist die Spielanleitung immer griffbereit und für jeden zugänglich, der das Spiel spielen möchte.
  - So einfach geht's: kopieren – ausschneiden – laminieren – zuschneiden und fertig! Einmal laminiert, sind die Anleitungskarten sowie die Spiel- und Legematerialien stabiler und vor schneller Abnutzung durch Kinderhände geschützt (Laminierfolie A4 150 Mikron – knickfest).
  - Wichtig ist es, die Materialien aus Papier schon vor dem Laminieren zurecht zu schneiden. Meine Erfahrungen haben gezeigt, dass ein laminierter Rand für die Haltbarkeit unentbehrlich ist.
  - Beim Zuschneiden der Spiel- und Legematerialien darauf achten, dass genügend laminierter Rand stehen bleibt. Nur so wird ein dichter und fest verklebter Abschluss gebildet.

- Bei den Kopien für die Tischspiele bietet sich dickeres Papier an, damit der Farbdruck auf der Rückseite nicht durchscheint und die Spielmaterialien stabil für den täglichen Gebrauch sind. Bei der Auswahl des Kopierpapiers muss darauf geachtet werden, dass der verwendete Drucker oder Kopierer mit der gewählten Papierdicke arbeiten kann.

- Die Säckchen »**Eine Hand voll Glück**«, »**Wer bekommt das Schoko-Ei?**«, »**Kleine Spinnennetzbauer**« oder »**Kunterbuntes Farbensuchspiel**« können gemeinsam mit den Kindern hergestellt werden. Kinder helfen sehr gerne und lieben es, wenn sie kleine Arbeitsaufträge zugeteilt bekommen. Wenn wir Aufgaben an Kinder abgeben und sie einbeziehen, zeigen wir, dass wir ihnen etwas zutrauen. Wir fördern die Selbstständigkeit, das Selbstbewusstsein und die Entwicklung der Kinder. Das Mithelfen ist ein wertvoller Zeitvertreib und eine gute Basis um das »Wir-Gefühl« zu stärken und Verantwortung zu übernehmen. Ein selbstangefertigtes Spiel stellt einen ganz besonderen Wert dar und die Kinder können stolz auf ihren geleisteten Beitrag sein.

- Für die angeleiteten Säckchen wie »**Fische angeln**«, »**Ab ins Schneckenhaus**«, »**Die Geschichte vom Regenbogen**«, »**Sternenzauber**«, »**Die Geschichte vom Schmetterling**« und »**Wir schmücken unseren Weihnachtsbaum**« müssen noch extra Materialien bereitgestellt werden, da sie aus Platzgründen nicht mit im Säckchen verstaut werden können und zudem auch für die Freispielzeit genutzt werden, wie beispielsweise Malstifte und Scheren.

Einleitung

Eine gute Vorbereitung lohnt sich

Vorteilhaft ist es, sich im Vorfeld mit dem Inhalt der Säckchen vertraut zu machen. Eine gute Vorbereitung ermöglicht ein selbstsicheres Auftreten, Freude an der Durchführung und fördert dadurch einen reibungslosen Ablauf, eine lebendige Atmosphäre und ein individuelles Eingehen auf die Kinder. Wichtig ist eine positive Einstellung, denn nur wer selber Spaß an den Säckchen hat, kann sie den Kindern gut präsentieren. Die eigene Freude am Tun motiviert die Kinder und unterstützt sie, Ihnen zu folgen und sich einzulassen. Mit einer fröhlichen Mimik und einer freudigen und herzlichen Stimme erreichen sie die Aufmerksamkeit der Kinder. Fingerspiele, Reime und Lieder funktionieren noch besser, wenn sie vorher auswendig gelernt werden und die Anleitungskarte nur als Gedächtnisstütze verwendet wird. Die Vollständigkeit und Ansehnlichkeit der Säckchen ist Voraussetzung für eine gute pädagogische Arbeit. Deshalb ist es wichtig den Inhalt der Säckchen von Zeit zu Zeit zu überprüfen, auszutauschen und zu erneuern.

Ordnung ist das halbe Leben

Damit die Kinder die Freispielsäckchen jederzeit nutzen können, ist es sinnvoll, sie gut sichtbar aufzubewahren. Ein Garderobenständer oder eine Garderobenleiste eignen sich hierfür sehr gut. Die Leiste kann, in der für Kinder richtigen Höhe, im Raum platziert und angebracht werden. Außerdem macht sie die Säckchen zu einem hübschen Blickfang und hilft den Überblick zu bewahren. Alternativ eignet sich ein Aufbewahrungskorb, um die Säckchen zu verstauen. So fällt das Aufräumen schon viel leichter und mit einem kindgerecht und ansprechenden Ordnungssystem hat jedes Säckchen seinen festen Platz und erspart langes Suchen. Getreu dem Motto, »es ist unser Gruppenraum, er soll ein Wohlfühlort sein und bleiben«, lernen schon Kinder im Kleinkindalter aufzuräumen und Ordnung zu halten. Eigenverantwortung und Selbstständigkeit werden gefördert, wenn sie ihr Säckchen nach dem Spielen wieder zurück an den Platz räumen. Beim gemeinsamen Aufräumen, auch mit uns Erwachsenen (Vorbildfunktion), erkennen die Kinder, dass mit Hilfsbereitschaft und in der Gemeinschaft vieles leichter zu bewältigen ist. Tägliches Aufräumen in der Gruppe bringt zudem Struktur und Routine (im positiven Sinne) in den Tagesablauf. Die angeleiteten Säckchen werden ebenfalls an einem festen Platz aufbewahrt, damit jeder vom Team weiß, wo sie zu finden sind.

Was beinhalten die Säckchen und welche Ziele stehen im Fokus?

Jedes Säckchen ist gefüllt mit unterschiedlichen pädagogischen Angeboten, und doch haben sie eines gemeinsam: die bunten Säckchen sorgen für einen Überraschungsmoment, regen die Neugier und Fantasie der Kinder an und bauen Spannung auf. Sie können gezielt in den Arbeitsalltag mit Kindern eingesetzt werden. Eine bunte Vielzahl an Geschichten, Liedern, Fingerspielen, Versen, Gedichten, Kreis- und Singspielen animieren die Kinder zum Mitmachen. Sie bringen Spaß, helfen den Kindern soziale Fähigkeiten zu trainieren, Sprache und Wissen zu erweitern und zu vertiefen. Altbekannte Melodien mit neuen Texten vereinfachen das Erlernen und Singen mit Kindern. Musikalische Aktivitäten helfen Kindern ihr Gedächtnis zu trainieren, einfache Melodien ermutigen die Kinder zum Mitsingen und fördern die Sprachentwicklung.

Säckchen wie »**Baustein Katapult**« und »**Zum Wegwerfen viel zu schade**« enthalten Spielideen, die den Kindern viel kreativen Raum lassen. Sie regen zu immer neuen Ideen an und fördern die Experimentierfreude. Beim Katapult-Spiel sind Geschicklichkeit und Geduld gefragt. Die Kinder setzen sich mit Physik und Technik spielerisch auseinander (Wie funktioniert ein gutes Katapult? Was könnte man verändern, um so weit wie möglich zu schießen?). Die Kinder lernen bei einem Wettkampfspiel Fairness, sich an Regeln zu halten und beim Verlieren auch mit einer Niederlage fertig zu werden. Das Upcycling Projekt »Zum Wegwerfen viel zu schade« ermöglicht den Kindern eine andere Sicht auf die Dinge – »aus Alt mach Neu« – vieles kann wiederverwertet werden. Die Kinder erfahren, dass nicht alle ausgedienten Gegenstände in den Müll gehören, sondern dass sie mehrere Funktionen haben können. Flaschendeckel in allen Größen und Farben können auf unterschiedlichste Art und Weise im Spiel eingesetzt werden. Upcycling ist nachhaltig und vor allem kostengünstig. Mit diesen Säckchen werden kognitive Fähigkeiten wie beispielsweise das Entwerfen und Umsetzen einer Idee, sowie die Motorik, Auge-Hand-Koordination, Kreativität und Präzision erlernt.

»Eine Hand voll Glück«, **»Kunterbunter Rätselspaß«**, **»Wer bekommt das Schoko- Ei?«** und **»Kunterbuntes Farbensuchspiel«** sind Regelspiele und eine großartige Möglichkeit Freude am gemeinsamen Spiel zu wecken und Kinder zusammenzubringen. Da immer dieselben Spiele auf Dauer langweilig sind und Kinder Abwechslung lieben, bieten sich diese selbst gemachten Spiele hervorragend dafür an. Zum einen können sie mit den Kindern gemeinsam hergestellt werden, zum anderen sind sie sehr viel günstiger als gekaufte Spiele. Regelspiele fördern das soziale Miteinander; dazu gehört Regeln einhalten, miteinander kommunizieren, abwarten bis man an der Reihe ist, Rücksicht nehmen, beobachten und zuhören.

»Mein Kindergarten Trostsäckchen« kommt immer dann zum Einsatz, wenn das Kind Kummer hat. Es muntert auf, wirkt beruhigend und sorgt für Entspannung. Das Kind erfährt Zuspruch, körperliche Nähe, Geborgenheit und spürt, dass seine Gefühle und Bedürfnisse ernst genommen werden. Indem wir Kindern Aufmerksamkeit und Trost schenken, können Konflikte abgewendet und eine warmherzige Bindung zum Kind aufgebaut werden.

»Die Geschichte vom Regenbogen« und **»Wir schmücken unseren Weihnachtsbaum«** enthalten unter anderem Malvorlagen mit kreativen Impulsen. Sie ergänzen das pädagogische Angebot und geben den Kindern Raum für ihre eigene Kreativität. Sie fördern die Konzentration, die Fantasie, schulen die Feinmotorik (Stifthaltung) und wecken die Lust am Malen. Beim gemeinsamen Malen in der Gruppe kommt der soziale Aspekt noch hinzu. Malen gehört bei vielen Kindern zu ihren Lieblingsbeschäftigungen und die gesammelten Werke im Portfolio erfüllen die kleinen Malkünstler mit Freude und Stolz.

»Kreativkissen Abenteuer Unterwasserwelt« und **»Kleine Spinnennetzbauer«** gehören zu den Solo-Spielen. Sie fördern die Feinmotorik, Konzentration und die Hand-Augen-Koordination. Beim Einzelspiel konzentriert sich das Kind auf das was es tun möchte und lernt sich mit einer Aufgabe alleine zu beschäftigen und sie zu erledigen. Auch das Säckchen **»Krimskrams Sammelfreude«** kann solo gespielt werden, je nach Belieben.

»Ab ins Schneckenhaus«, **»Die Geschichte vom Schmetterling«**, **»Die Geschichte vom Regenbogen«** und **»Wer versteckt sich hier im Herbstlaub?«** geben Einblicke in die Natur. Sie ermöglichen den Kindern ihr Wissen über die Natur zu erweitern, zu vertiefen und zu festigen. **»Die Geschichte vom Schmetterling«** ist ein Geschichtensäckchen und zeigt den Kindern sehr anschaulich die Entwicklung vom Ei über die Raupe hin zum Schmetterling. Es finden sich passend zur Geschichte Materialien für eine lebendige Erzählweise, gepaart mit einem Hauch von Magie, wenn die Raupe im Kokon verschwindet und ein Schmetterling zum Vorschein kommt. Beim Säckchen **»Wer versteckt sich hier im Herbstlaub«** ist ebenfalls Zauber im Spiel, wenn sich mit dem Abdecken des schwarzen Tuches über dem Laubhaufen plötzlich der Igel zeigt. Die Kinder kann man somit zum Staunen bringen und den Spannungsbogen hoch halten.

»Kommt, lasst uns einen Schneemann bauen« und »**Die Geschichte vom Regenbogen«** sind Mitmachgeschichten, »**Wir schmücken unseren Weihnachtsbaum«** ein Mitmachgedicht. Mit Hilfe der Materialien im Säckchen können alle Kinder aktiv teilnehmen und erleben sich im gemeinschaftlichen Tun. Sie haben Freude am Zuhören, weil die Geschichte anschaulich dargestellt wird. Somit können die Kinder die Inhalte der Geschichten besser verstehen. Sie lernen aufmerksames Hinhören, weil es ihnen wichtig ist, ihren Einsatz beim Hinlegen der Materialien nicht zu verpassen. Diese werden während des Erzählens oder Vortragens von den Kindern aus dem Säckchen geholt und in der Mitte des Kreises auf einem Tuch platziert. Ein gemeinschaftliches Bodenbild entsteht und schmückt die Kreismitte. Hierbei ist darauf zu achten, dass den Kindern genügend Legematerialien zur Verfügung stehen. Das Säckchen »**Kommt, lasst uns einen Schneemann bauen«** kann noch durch Stöckchen (für Arme und Besen), ein gelbes Tuch (für die Sonne), einen Hasen (der die Karotte stibitzt) ergänzt werden. In einer kurzen abschließenden Geschichte scheint die Sonne, der Schneemann schmilzt, die Karotte fällt zu Boden und der Hase holt sie sich und frisst sie auf.

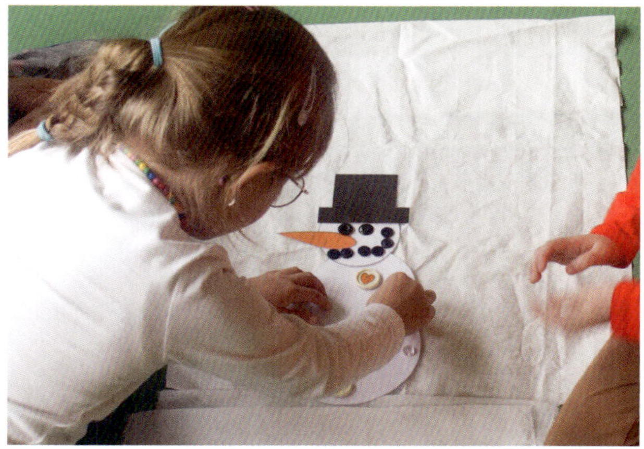

Immer und überall einsetzbar

Die Einsatzmöglichkeiten sind genauso bunt und vielseitig, wie die Säckchen selbst. Sie lassen sich in den Kita-Alltag jederzeit integrieren und können überall hin mitgenommen werden. Das Säckchen **»Die Spinne«** ist bei den Kindern sehr beliebt und bietet sich auch als Spielmöglichkeit für den Garten an, und sorgt so für eine willkommene Abwechslung. Des Weiteren eignet sich ein kunterbuntes Spielsäckchen (**»Das Spielsäckchen geht auf die Reise«**) , das zuvor selbst zusammengestellt wurde (aus den Fingerspielen und Kreisspielen der anderen Säckchen oder eigener Auswahl), sehr gut als Lückenfüller für kleine Pausen, um Wartezeiten zu verkürzen und keine Langeweile und Unruhe bei den Kinder aufkommen zu lassen. Die Säckchen lassen sich auch gut zu Ausflügen und Walderlebnistagen mitnehmen. Sie sind ideal für die Arbeit mit einzelnen Kindern, einer Kleingruppe, sowie der Gesamtgruppe im Morgenkreis.

Einsatz in der Angebotszeit

Wenn der Personalschlüssel es erlaubt, bieten sich die angeleiteten Säckchen zunächst in einer Kleingruppe sehr gut an. Für Kinder, wie für Erwachsene, ermöglicht ein kleiner Rahmen eine ruhige Atmosphäre und ein störungsfreies Miteinander. Die Kinder können sich besser konzentrieren und dadurch intensivere Lernerfahrungen machen. Kein Kind ist enttäuscht und muss vertröstet werden, wenn es bei einem Spiel nicht an die Reihe kommt. Besonders bei neuen Spielen ist der Wunsch der Kinder groß, sich beim Spielgeschehen zu beteiligen. In einer großen Gruppe kann es mitunter schneller zu Streitigkeiten und Konflikten kommen. Kinder möchten aktiv dabei sein, längeres Sitzen führt zu Langeweile, Unruhe und Störungen. In einer Kleingruppe hat jedes Kind die Möglichkeit sich spielerisch frei zu entfalten und sich einzubringen. Schüchterne und zurückhaltende Kinder sind im Beisein weniger Kinder offener und trauen sich mehr zu. Die Säckchen können auf das Alter der Kinder abgestimmt werden. Das Säckchen **»Die Geschichte vom Schmetterling«** kann für ältere Kinder noch mit einem Malangebot ergänzt und vertieft werden.

Wie setze ich die Säckchen im Morgenkreis ein?

Der Morgenkreis bietet sich natürlich auch für die Präsentation der kunterbunten Säckchen an. Er dient vor allem zur Wiederholung und Vertiefung der Lerninhalte. Für mich persönlich ist der Morgenkreis im Kita-Alltag ein wichtiger Bestandteil und eine Bereicherung für Klein und Groß. Wichtig ist hierbei eine gute und liebevolle Vorbereitung, um die Kinder zu integrieren und sie zum Mitmachen zu motivieren. Für ein harmonisches Miteinander sind feste Strukturen, Regeln und Wiederholungen unerlässlich. Kinder benötigen gleichbleibende Rituale, die Ihnen Sicherheit und Wohlbefinden geben. Wichtig ist es, den Morgenkreis auf die Interessen der Kinder abzustimmen, ihn lebendig und bunt zu gestalten. Nur so gelingt es, dass die Kinder freudig und interessiert an der gemeinsamen Zeit teilnehmen. In gemeinsamen Aktivitäten nehmen sich die Kinder gegenseitig wahr und erleben sich als Gruppengemeinschaft. Ein Morgenkreis soll Spaß machen.

Wenn wir es schaffen den Kindern ein Lächeln ins Gesicht zu zaubern und sie uns mit leuchtenden Augen anschauen, dann haben wir alles richtig gemacht. Morgenkreis heißt für mich, einander zuhören, wertvolle Zeit miteinander zu verbringen, Vertrauen aufzubauen, anzukommen und akzeptiert zu werden. Wichtig ist es, eine schöne Atmosphäre zu schaffen, damit die Kinder sich wohlfühlen und entspannen können. Jedes Kind darf selbst entscheiden, ob es aktiv am Kreis teilnehmen möchte oder nicht. Kein Kind sollte zum Mitmachen gezwungen werden. Es gibt Kinder, die das Geschehen lieber von außen betrachten möchten und das ist völlig in Ordnung. Ich bin mir aber sicher, dass Sie mit einem gut durchdachten Morgenkreis alle Kinder begeistern können.

Ein gemeinsames Begrüßungslied bietet einen guten Einstieg in den Morgenkreis und heißt alle Kinder herzlich willkommen. Wird das Lied täglich gesungen, können die Kinder sehr bald mitsingen und es gibt ihnen Vertrautheit und emotionale Sicherheit.

Morgenkreisidee

Lied – zur Melodie: *Bruder Jakob*

Schön, dass ihr da seid, schön, dass ihr da seid
guten Tag, guten Tag
lasst uns nun beginnen, Zeit im Kreis verbringen
alle sind dabei, alle sind dabei.

Wenn alle Kinder sitzen und Ruhe eingekehrt ist, zeigen Sie das Säckchen und sprechen folgende Worte:

Seht her – ein Säckchen kunterbunt
Was mag da wohl drinnen sein?

Die Kinder schauen sich das bunte Stoffsäckchen an und stellen Vermutungen über den Inhalt auf und teilen sie mit den anderen Kindern.

Schauen wir hinein – ich lade euch ein, dabei zu sein!

Dann wird das Geheimnis gelüftet und das Säckchen kommt zum Einsatz.

Am Ende werden die Materialien wieder zurück ins Säckchen geräumt. Auch hierbei freuen sich die Kinder, wenn sie beim Einräumen helfen dürfen. Ein gemeinsamer Abschlussreim rundet den Morgenkreis ab und beendet ihn.

Unser Morgenkreis ist zu Ende,
wir alle reichen uns die Hände
und wünschen uns einen wunderschönen Tag.

Tipp

Kinder lieben Instrumente und freuen sich, wenn sie ein Lied musikalisch begleiten dürfen. Der Einsatz von Klanghölzern, Schellenkranz und Co unterstreicht das Singen, fördert das Gruppengefühl und schenkt ein einzigartiges Gesamtergebnis mit hohem Spaßfaktor.

Wie werden die Spielsäckchen vorgestellt und eingeführt?

Die Säckchen für die Freispielzeit können den Kindern während des Freispiels, in der Kleingruppe oder auch im Morgenkreis vorgestellt werden. Um alle Kinder zu erreichen und sich ein mehrmaliges Erklären des Spieles zu sparen, bietet sich der Morgenkreis an. Eine Idee für das Säckchen »**Eine Hand voll Glück**« wäre ein Gespräch über das Glück. Mit Fragen an die Kinder: Was ist Glück? Wann seid ihr glücklich? Welche Glücksbringer kennt ihr? Habt ihr auch einen persönlichen Glücksbringer?, lässt sich so ein Gespräch gut führen. Die Kinder können in einer Gesprächsrunde ihre persönlichen Erfahrungen einfließen lassen. Im Anschluss an diesen Austausch wird das Spiel vorgestellt, Regeln besprochen und gemeinsam gespielt. Das Säckchen »**Kleine Spinnennetzbauer**« kann gut in Kombination mit einem Gespräch über die kleinen Krabbeltiere und mit dem Säckchen »**Die Spinne**« erfolgen. Wichtig ist es, die Regeln vorab gut miteinander zu besprechen. Begeisterung in der Stimme und eine fröhliche Mimik lädt die Kinder zum aufmerksamen Zuhören ein. Beim Vorstellen und Einführen eines neuen Spieles ist es wichtig, das Spiel selbst vorher einmal gespielt zu haben und die Regeln zu kennen. Es ist keinesfalls sinnvoll die Spielregeln im Beisein der Kinder erst zu lesen. Die Kinder sind schnell gelangweilt und haben nicht die Ausdauer abzuwarten bis das Spiel endlich anfängt. Ein kindgemäßes Erklären und Wiederholen ist wichtig, aber am besten lernt es sich im gemeinsamen Tun. Ein paar Kinder können als Spieletesterinnen und Spieletester ausgewählt werden und das Spiel den anderen vorstellen. Sie lieben es, sich gleich aktiv zu beteiligen. Ältere Kinder können die Kleineren unterstützen und somit wird ein soziales Miteinander gefördert.

Kreative Ideen von den Kindern

Es ist immer wieder spannend zu beobachten, wie die Kinder ihre eigenen Ideen ins Spielgeschehen einbringen. Säckchen wie »**Baustein Katapult**« und »**Zum Wegwerfen viel zu schade**« werden oftmals durch weitere Spielideen der Kinder ergänzt. Beispielsweise werden mit den breiten Holzstäben und Flaschendeckeln ein Bauernhof mit Weiden gebaut, und Schleichtiere für ein Rollenspiel dazu geholt. Durch das eigene Tun entwickeln sich kreative Gedanken und der Wunsch diese auch auszuprobieren. Geben Sie den Kindern genügend Zeit und Raum in ihr Spiel einzutauchen und ihre eigenen Erfahrungen zu sammeln. Eine große Anzahl an Materialien ermöglicht einen rundum gelungenen Spielspaß und viel Kreativität. Fügen Sie ab und an weitere Materialien als zusätzliche Eingabe und neuen Spielanreiz hinzu.

Der Fantasie und Kreativität sind keine Grenzen gesetzt

Die Säckchen können jederzeit miteinander kombiniert, abgewandelt oder verändert werden. Das Säckchen »**Kleine Spinnennetzbauer**« beispielsweise, kann als Werkangebot in doppelter Größe mit älteren Kindern hergestellt werden. Es kann im Morgenkreis zu einer Geschichte, einem Spiel oder einem Reim zum Einsatz kommen. Beispielsweise als Rollenspiel mit Schleichtieren zum Bilderbuch »Die kleine Spinne spinnt und schweigt« von Eric Carle. Das Spielsäckchen – »**Kreativkissen Abenteuer Unterwasserwelt**« kann durch ein anderes Thema ersetzt werden. So wird aus einem schönen, bunten Blümchenstoff ein Kissen genäht und Streuteile, wie Schmetterlinge und Käfer zum Anbringen bereit gestellt. Für das Säckchen »**Kunterbunter Rätselspaß**« ist noch eine Kopiervorlage beigefügt. Die Kinder fädeln die Perlen nicht auf, sondern malen sie in der entsprechenden Farbe der Rätselfrage aus. Im Säckchen »**Das Spielsäckchen geht auf die Reise**« wurde das Fingerspiel »Ein kleines Seepferdchen schwimmt im Meer« in »Eine kleine Biene fliegt durchs Blumenmeer« abgewandelt. Wie schon gesagt, der Fantasie und Kreativität sind keine Grenzen gesetzt.

Hier können Sie die Anleitungskarten und Kopiervorlagen herunterladen:

bananenblau.de/spiel-und-geschichten-saeckchen-download

Morgenkreis und Angebotszeit

Geschichtenbuch

Material

- ein Stoffsäckchen
- Anleitungskarte mit Reim
- ein Lieblingsbuch
- kleine Stoffkissen (Durchmesser 10 cm, waschbare Füllwatte)

Vorbereitung

Man nehme sein Lieblingsgeschichtenbuch zur Hand, nähe passend dazu ein Stoffsäckchen und viele kleine runde Kuschelkissen für die Kinder zum Knuddeln und als »kleines Helferlein« zum Leisesein. Mit dem Austeilen der Kissen wird die Geschichte angekündigt und Ruhe kehrt ein. Dieses Ritual fördert die Aufmerksamkeit und das Zuhören. Die Kinder verbinden ihr kleines Kissen mit »Ohren spitzen« und »Zuhörzeit«. Das Kissen kann beim Festhalten und Drücken für Entspannung sorgen.

Reim

Wir nehmen uns jetzt eine Zuhörzeit,
seid ihr Kinder alle bereit?
Wir werden ruhig, ganz still und leise
und machen uns nun auf eine spannende Geschichtenreise.

Versteck-spiel der Insekten

Material

- ein Stoffsäckchen
- Anleitungskarte mit Reim
- grünes Tuch
- Streuteile oder aufklebbare Insekten

Spielanleitung

Alle Kinder sitzen im Stuhlkreis. In der Mitte liegt ein grünes Tuch, darauf verteilt die Insekten. Ein Kind wird ausgewählt, nach draußen vor die Tür zu gehen. Hat das Kind den Raum verlassen, bestimmt der Spielleiter ein Kind, das sich ein Insekt aussuchen und bei sich am Körper platzieren darf. Zum Beispiel auf dem Kopf, auf der Schulter, auf dem Fuß. Das Kind wartet vor der Tür, bis es mit folgendem Reim hereingerufen wird:

Ich bin ein kleines Insekt,
hab mich hier im Kreis versteckt.
Welches Kind ist wohl so keck
und holt mich raus aus
meinem Versteck?

Das hereingerufene Kind darf sich auf die Suche nach dem versteckten Insekt machen. Hat es das Insekt gefunden, wird es wieder zurück auf das Tuch gelegt und das nächste Kind ist an der Reihe. Bei älteren Kindern kann der Schwierigkeitsgrad erhöht werden, indem mehrere Insekten bei unterschiedlichen Kindern platziert werden. Bei diesem Spiel wird die visuelle Wahrnehmung gefördert.

Auf die Insekten, fertig los!

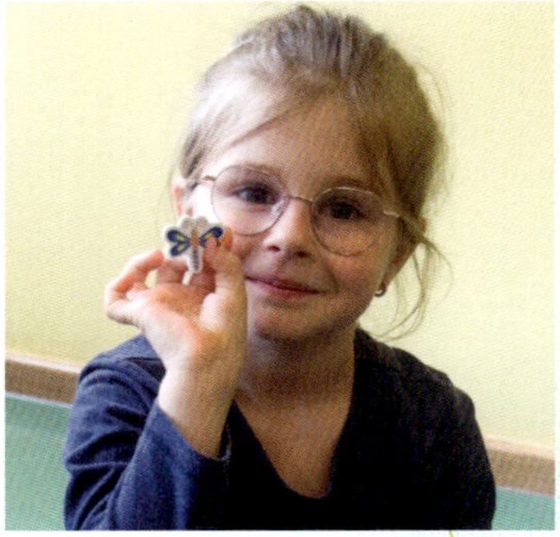

Ab ins Schnecken-haus

Material

- ein Stoffsäckchen
- Anleitungskarte mit Fingerspiel und Reim
- Kopiervorlage
- Kopierpapier (dickeres Papier wählen)
- grünes Tuch / leeres Schneckenhaus und Kalkdeckel
- Farbstifte und Scheren
- CD Player und Entspannungsmusik

Bevor es mit dem Fingerspiel losgeht, bietet sich eine kleine Wissensrunde zum Thema Schnecke an:

- Die Schnecke trägt ihr Haus immer und überall mit sich herum.
- Bei Gefahr zieht sie sich in ihr Schneckenhaus zurück.
- Die Schnecke streckt zum Glück, wenn die Gefahr vorüber ist, wieder ihre Fühler heraus und macht sich weiter auf ihren Weg.
- An heißen, sonnigen Tagen zieht sie sich auch zurück, denn sie muss sich vor dem Austrocknen schützen.
- Im Winter versteckt sie sich unter einem Laubhaufen oder in der Erde und verschließt ihr Haus mit einer Türe aus Kalk (mit etwas Glück findet man beim Spazierengehen ein leeres Schneckenhaus und den kleinen Kalkdeckel, den man den Kindern zeigen kann). Dort ist sie sicher und geschützt.
- Schnecken sind in der Dämmerung, in der Nacht oder bei Regenwetter unterwegs.

Tipp

Mit einer Handpuppe kann das Fingerspiel begleitet werden (zum Beispiel die Schnecke von Folkmanis, die sich in ihr Schneckenhaus zurückziehen kann). Kinder lieben Handpuppen. Sie halten die Aufmerksamkeitsspanne hoch und motivieren zum Mitmachen.

Fingerspiel

Die Schnecke hat ein schönes Haus,
geht es ihr gut kommt sie heraus.
Mit einer Hand eine Faust machen, dann Zeige- und Mittelfinger als Fühler herausstrecken.

Doch ist sie ängstlich zieht sie sich zurück,
Die Finger der Hand schließen sich wieder zur Faust, wenn sich die Schnecke in ihr Häuschen zurückzieht.

ist die Gefahr vorbei, kommt sie raus, welch Glück.
Hätt ich doch auch nur ein Schneckenhaus,
könnte ich rein und könnte ich raus.
Und es so machen wie die Schnecken,
wenn's mir nicht gut geht, mich darin verstecken.

Schnecke müsste man sein, das wäre fein!
Beim letzten Vers rhythmisch in die Hände klatschen.

Hilfreich ist es, mit den Kindern in ein Gespräch zu kommen: An manchen Tage wäre es schön, wenn auch wir ein Häuschen auf dem Rücken tragen würden und uns schwupp di wupp einfach darin verstecken könnten.

Kennt ihr solche Tage, an denen ihr euch gerne in ein Schneckenhaus zurückziehen würdet? Wie geht es euch heute? Wie fühlt ihr euch?

In einer kleinen Gesprächsrunde kann sich jedes Kind zu diesen Fragen zu Wort melden. Anschließend wird das Säckchen im Kreis herumgegeben und jedes Kind nimmt sich eine Papierschnecke heraus. Nun gehen wir zu den Tischen und jedes Kind malt seine Schnecke nach Belieben an, schreibt seinen Namen auf die Rückseite und schneidet sie dann aus. Kinder, denen es gut geht, lassen ihre Schnecke kriechen und Kinder, die einen nicht so guten Tag haben, falten Körper, Kopf und Schwanz der Schnecke nach hinten. Es ist nur noch das Schneckenhaus zu sehen, die Schnecke hat sich in ihrem Häuschen versteckt. Wer fertig ist, setzt sich wieder in den Stuhlkreis und legt seine Schnecke auf das grüne Tuch in der Kreismitte.

Wir geben unseren Gefühlen ein Zuhause: ein Schneckenhaus, einen geschützten Ort, an dem es ruhig ist und ihr ungestört seid.

Die Schnecken könnten im Raum einen festen Platz erhalten und den Vorschulkindern die Möglichkeit geben, ihre Schnecke kriechen zu lassen oder auch nicht, je nach Tagesform. Diese Aktivität kann ins Freispiel integriert, wiederholt und vertieft werden, um zu sehen wie es den »Großen« in der Gruppe geht.

Hinweis

Dieses Säckchen bietet sich hervorragend für die Kleingruppenarbeit der Vorschulkinder an. Das Fingerspiel »Die Schnecke hat ein schönes Haus« erfreut auch die jüngeren Kindergartenkinder.

Reim

Jetzt habt auch ihr ein Schneckenhaus,
geht es euch gut, kommt ihr heraus.
Doch seid ihr ängstlich, wütend oder traurig,
kriecht ihr zurück ins Haus,
geht's euch wieder besser, kommt ihr wieder raus.
Jetzt habt auch ihr ein Schneckenhaus,
könnt hinein und könnt hinaus.
Und es machen wie die Schnecken,
wenn's euch nicht gut geht, einfach darin verstecken.

Die Geschichte vom Schmetter-ling

Material

- ein Stoffsäckchen
- Anleitungskarte mit Geschichte
- Kopiervorlage
- grünes Tuch
- drei braune Filzplatten (15 cm × 22 cm) und eine Filzschnur
- eine kleine weiße Holzkugel
- eine runde Stanzform

Vorbereitung

- Legematerialien vorbereiten (kopieren, ausschneiden, laminieren, zuschneiden).
- Weiße Holzkugel am großen Blatt anbringen (geklebt oder genäht).
- Mit der runden Stanzform in die zwei kleinen Blätter je ein Loch stanzen.
- Die drei Filzplatten übereinanderlegen, von den Kindern unbemerkt, den Schmetterling zwischen die erste und die zweite Filzplatte legen.
- Dann wird die Raupe beim Erzählen der Geschichte sichtbar auf die zweite Filzplatte gelegt und mit der obersten Filzplatte abgedeckt.
- Die Platten werden dann zusammengerollt und mit der Filzschnur zugebunden.

Nach der Verwandlung schlüpft der Schmetterling aus dem Kokon. Dabei wird nur die unterste Platte aufgedeckt und er kommt zum Vorschein. Die Kinder werden beim Erzählen der Geschichte eingebunden. Durch das gemeinsame Tun wird die Geschichte lebendiger, intensiver und ansprechender.

Die Geschichte vom Schmetterling

Da liegt es – ein kleines, weißes Ei auf einem großen grünen Blatt. Es dauert 8 Tage (es zählen alle gemeinsam 1, 2, 3, 4, 5, 6, 7, 8) *dann schlüpft aus dem winzigen weißen Ei eine kleine, grüne Raupe.*

Hungrig ist die kleine, grüne Raupe, sehr hungrig. Sie macht sich auf den Weg, um Nahrung zu suchen. (Was meint ihr? Was mag unsere kleine, grüne Raupe?)

Hier ein grünes, saftiges Blatt und dort ein grünes, saftiges Blatt. Sie frisst und frisst Tag ein, Tag aus – solange, bis sie keinen Appetit mehr hat. Kugelrund und dick ist sie geworden.

Vom vielen Fressen sehr müde macht sie es sich in einem Kokon gemütlich. Da schläft sie ein paar Wochen tief und fest. Und dann ist es endlich soweit, sie erwacht. Ganz schön eng ist es in ihrem Kokon. Die Raupe versucht sich mit aller Kraft aus dem Kokon zu zwängen.

Und da auf einmal – schaut genau! Aus der kleinen grünen Raupe ist ein großer bunter Schmetterling geworden. So hübsch ist er anzusehen! Und freudig flatternd macht er sich auf die große Reise zu bunten Blumenwiesen und seinen Schmetterlingsfreunden.

Und wisst ihr was! Dieser große bunte Schmetterling legt irgendwann und irgendwo auch ein kleines, weißes Ei und die Geschichte fängt wieder von vorne an.

Tipp

Mit den älteren Kindern wäre es schön, im Anschluss an die Geschichte noch Schmetterlinge zu malen. Mit Glitzerpulver können die kleinen Malkünstler den farbenprächtigen Schmetterlingsstaub auf die Flügel zaubern.

Die Spinne

Material

- ein Stoffsäckchen
- Anleitungskarte mit Reim
- kleine Spinnen aus Plastik

Spielanleitung

Ein Kind nimmt die Spinne und versteckt sie in seiner Hand hinter seinem Rücken. Das Kind hält nun beide Hände, zu Fäusten geschlossen, übereinander. Dann sprechen wir den Vers (oder als Lied zur Melodie »Pinke, panke, puster im Keller ist es duster«...) dabei setzt das Kind die Fäuste übereinander, mal ist die eine Faust, mal die andere Faust oben, und läuft im Kreis herum. Ist das Sprüchlein zu Ende gesprochen, bleibt das Kind in der Mitte stehen. Alle Kinder spielen mit, wer denkt die Spinne ist oben stellt sich auf seinen Stuhl, wer denkt die Spinne ist unten, setzt sich vor seinen Stuhl auf den Boden.

Das Kind wählt nun ein Kind aus, das richtig geraten hat und gibt die Spinne weiter. Danach beginnt das Spiel von vorne.

Reim

Kribbel, krabbel, krinne im Haus
da wohnt ne Spinne,
wo wohnt sie denn, wo wohnt sie denn,
oben oder unten drin(ne).

Tipp

Das Spiel macht den Kindern besonders draußen großen Spaß. Statt der Stühle finden sich hier andere Dinge, um sich draufzustellen.

Fische angeln

Material

- ein Stoffsäckchen
- Anleitungskarte mit 4 Spielideen
- Kopiervorlage
- blaues Tuch
- eine Magnetangel
- Büroklammern und Lochzange
- abwaschbarer Folienstift
- Knabbergebäck für den Überraschungsmoment (zum Beispiel in Form eines Fisches)
- Requisiten für die Spielideen
  - Ministempel Seepferdchen und Stempelkissen wasserfest oder Seepferdchenaufkleber
  - eine große Muschel (Muschelschale / Jakobsmuschel)
  - Lavendelöl
  - CD Player und Entspannungsmusik
  - großes Tuch
  - 5 Chiffontücher in verschiedenen Farben
  - Glöckchen

Vorbereitung

Jeder laminierte Meeresbewohner bekommt eine Büroklammer, damit die Magnetangel ihn auch angeln kann, angesteckt. Auf der Rückseite werden die Tiere mit einem abwaschbaren Folienstift beschriftet, je nachdem welches Spiel gespielt werden soll.

Spielanleitung

Im Meer (blaues Tuch) schwimmen viele bunte Fische. Muscheln und Seepferdchen tummeln sich auf dem Meeresboden. Ein Kind darf mit der Angel einen Fisch oder einen anderen Meeresbewohner aus dem Wasser ziehen und übergibt ihn dann dem Spielleiter. Dieser liest vor, welches Spiel nun an der Reihe ist. Das blaue Tuch wird zur Seite gelegt und los geht es mit der gemeinsamen Spiel- und Spaßrunde.

Wenn das Spiel beendet ist, kommt ein anderes Kind dran. Ein Fisch im Meer hält eine besondere Überraschung bereit. Wer den orangenen Fisch (Goldfisch) geangelt hat, darf eine Knabberei an die Kinder verteilen.

Spiel-
ideen

1

2

Fingerspiel

Ein kleines Seepferdchen schwimmt im Meer,
einmal hin und einmal her.
Schwimmt eine Acht,
aufgepasst und mitgemacht.
Das Seepferdchen schwimmt rauf und runter
und ist dabei ganz munter.
Schwimmt einmal nach links und dann nach rechts,
so wird der Seepferdchentanz perfekt.

Mit dem Zeigefinger werden die Bewegungen (hin und her, rauf und runter,...) nachgezeichnet.

Tipp
Ein ganz besonderes Highlight für die Kinder ist ein Seepferdchen Stempelabdruck oder ein Seepferdchenaufkleber auf dem Finger. So macht das Fingerspiel doppelt so viel Spaß.

Handmassage – die Duftmuschel

Ein Dufterlebnis für kleine, feine Kindernasen. Eine Spielidee um den Geruchs- und Tastsinn der Kinder anzuregen, eine kleine Auszeit zu nehmen und in eine sanfte Handmassage einzutauchen.

Der Spielleiter gibt Lavendelöl in eine große Muschel, geht damit im Kreis herum, tippt mit dem Zeigefinger in das Lavendelöl und streicht jedem Kind ein paar Tropfen Öl in die Handinnenfläche. Die Kinder massieren sanft ihre Hände und genießen den schönen Moment. Während dieser kleinen Entspannungspause kann das Ritual mit einer schönen Instrumentalmusik begleitet werden.

3

4

Sprechvers

1. *Fünf kleine Fische schwimmen im Meer umher, blubb, blubb, blubb – es gefällt ihnen sehr.*
2. *Fünf kleine Fische spielen gerne Versteck, blubb, blubb, blubb – auf einmal sind sie weg.*
3. *Fünf kleine Fische sind verschwunden im Meer, blubb, blubb, blubb schwimmen sie wieder daher.*

Vorab wird mit Stühlen ein Halbkreis gestellt, im Kreis integriert steht ein Tisch. Als Kulisse geben wir ein großes Tuch über die Tischplatte, als Versteck der Fische. Fünf Kinder werden ausgewählt, Fische im Meer zu sein. Sie dürfen sich mit einem Chiffontuch in der Hand tanzend im Kreis bewegen. Bei dem Wort »weg« klatscht der Spielleiter in die Hände, daraufhin schwimmen alle Fische schnell unter den Tisch und verstecken sich. Beim Sprechen des dritten Verses und dem letzten Wort »daher« kommen die Fische aus ihrem Versteck und schwimmen zurück an ihren Platz.

Lied – zur Melodie: *Ein kleines, graues Eselchen*

1. *Ein klitzekleines Fischlein, das schwimmt durch's weite Meer. Es schwimmt mal hin und schwimmt mal her, so wie es ihm gefällt.*
   blubb, blubb, blubb, blubb
2. *Zwei kleine Fischlein, die schwimmen durch das Meer. Sie schwimmen hin und schwimmen her, so wie es ihnen gefällt.*
   blubb, blubb, blubb, blubb

Ein Kind beginnt das Spiel. Es schwimmt als kleines Fischlein im Kreis umher. Bei der Textstelle »blubb, blubb« erklingt ein Glöckchen, das ein zuvor ausgewähltes Kind spielen darf. Das kleine Fischlein bleibt vor einem Kind stehen und fordert es zum Mitmachen auf.

Beim erneuten Singen schwimmen zwei Fische umher und suchen sich jeweils ein neues Kind aus. Das Spiel wird wiederholt, bis alle Kinder aus dem Kreis mitspielen können.

Die Geschichte vom Regenbogen

Material

- **ein Stoffsäckchen**
- **Anleitungskarte mit Mitmachgeschichte und Reim**
- **blaues oder graues Tuch**
- **gelbes Chiffontuch**
- **blaue Glassteine**
- für das Regenbogenband je nach Belieben **Chiffontücher, Satinbänder oder Stoffstreifen verwenden** – Achtung, bei der Auswahl auf die Anzahl der Kinder achten, damit das Band entsprechend lang ist und jedes Kind beim Herumreichen auch tatsächlich ein Stückchen Band halten kann.
- **Kopiervorlage mit Ausmalbild**
- **Malstifte in den Farben des Regenbogens**

Vorbereitung

Für den Regenbogen Chiffontücher, Stoffstreifen oder Satinbänder in den Farben rot, orange, gelb, grün, hellblau, dunkelblau und violett der Reihenfolge nach verknoten oder zusammennähen. Wenn das Regenbogenband fertig ist, wird Farbe für Farbe in das Säckchen gesteckt, zum Schluss der rote Streifen, der ein kleines Stück herausschaut. Beim Erzählen der Geschichte beginnt ein Kind das Band vorsichtig herauszuziehen und gibt das Säckchen an seinen Nachbarn weiter, reihum bis das Regenbogenband sich komplett sichtbar zeigt. Durch das Miteinander wird die Geschichte lebendiger und ansprechender für die Kinder.

Mitmachgeschichte

An manchen Tagen tun sich Sonne und Regen zusammen und malen uns, wie mit einem unsichtbaren Pinsel, einen wunderschönen, bunten Regenbogen an den Himmel. Kommt, lasst uns einen Regenbogen zaubern, hier in unserer Mitte.

Einen Regenbogen in leuchtend, bunten Farben.

Ein Regenbogen zeigt sich immer dann, wenn die Sonne lacht und es gleichzeitig regnet. Zuerst ziehen dicke Regenwolken am Himmel auf.

1

Ein Kind nimmt ein großes Tuch und legt es in die Kreismitte auf den Boden.

2

... und schon fängt es an zu regnen tropf, tropf, tropf immer mehr ...

Ein Körbchen mit blauen Glassteinen wandert im Kreis umher und jedes Kind darf sich einen davon nehmen und auf das graue Tuch legen.

3

... und im selben Moment schaut die strahlende Sonne hinter einer Wolke hervor.

Hierfür nehmen wir ein gelbes Chiffontuch und legen es zusammengeknüllt auf das große Tuch.

4

Unser Regenbogensäckchen zaubert nun die Farben hervor.

Ein Regenbogen ist aus sieben Farben gemischt.

Die erste Farbe ist rot, die zweite Farbe orange, die dritte Farbe gelb, die vierte Farbe grün, die fünfte Farbe hellblau, die sechste Farbe indigo (dunkelblau) und die siebte und letzte Farbe des Regenbogens ist violett.

Ein Kind bekommt das Säckchen in die Hand, hält den Anfang des roten Stoffstreifens fest und gibt das Säckchen an seinen Sitznachbarn weiter. Dieser zieht ein weiteres Stück heraus und gibt es seinerseits auch weiter. So wandert der Regenbogen von einem Kind zum anderen Kind weiter.

5

Die Regenbogenfarben können wir als bunten Bogen am Himmel sehen.

Die Streifen werden nun in einem Bogen auf dem grauen Tuch untereinander angereiht. Der abschließende Reim dient zur Vertiefung und rundet die Mitmachgeschichte ab.

6

Die Kopiervorlage mit dem Ausmalbild lädt die Kinder ein, ihren eigenen Regenbogen zu malen.

Reim

Vom Regen und der Sonne
wird ein Regenbogen gemacht,
dann siehst du ihn am Himmel
mit seiner bunten Pracht.
Ist er nicht schön unser Regenbogen
rund und leuchtend bunt.

(Untermalen des Reimes mit spielerischen Hand- und Fingerbewegungen)

Wer versteckt sich hier im Herbstlaub?

Material

- ein Stoffsäckchen
- Anleitungskarte mit Rätsel, Lied und Reim
- Kopiervorlage
- braunes und schwarzes Tuch
- Aufkleber oder Stempel (Schnecke, Käfer, Raupe, Maus, Eichhörnchen, Frosch, Spinne)

Das Herbstlaub ist ein perfekter Unterschlupf für unsere heimischen Tiere. Ein Laubhaufen bietet Versteck- und Überwinterungsmöglichkeiten für Insekten und kleine Tiere. Die aufgehäuften Blätter schützen vor der Kälte des Winters.

Vorbereitung

Die Kopiervorlage Blätter in den Herbstfarben ausdrucken, die Anzahl der Kinder berücksichtigen – für jedes Kind ein Blatt. Die Blätter ausschneiden und vor dem Laminieren jeweils einen Aufkleber auf der Rückseite anbringen oder Tiere darauf stempeln. Den Igel einmal kopieren und ebenfalls ausschneiden und laminieren.

Reim

In dem bunten Blätterbett
hat sich der Igel zum Winterschlaf versteckt.
Bis zum Frühling kann er ruhn,
denn er hat jetzt nichts (mehr) zu tun.

Spielanleitung

Die Herbstblätter liegen wie ein bunt gemischter Laubhaufen auf einem braunen Tuch in der Mitte des Kreises. Ein Rätsel dient zum Einstieg: Wer versteckt sich hier im Herbstlaub? Die Kinder raten mit und tauschen ihre Antworten untereinander aus. Da dieses Tier sich im Dunkeln zeigt, wird die Abenddämmerung mit einem schwarzen Tuch dargestellt. Dieses wird über das Laub gelegt. Was die Kinder nicht wissen, unter dem Tuch ist ein Igel versteckt, den der Spielleiter mit dem Tuch festhält und verdeckt auf den Laubhaufen legt. Alle Kinder sind nun gespannt, welches Tier sich gleich zeigt. Zwei Kinder dürfen das Tuch vorsichtig nach oben hin wegnehmen. Die Kinder werden überrascht sein, wenn ein Igel zum Vorschein kommt und sie sehen, ob ihre Antwort richtig war. Weitere Tiere haben sich im Laubhaufen versteckt. Reihum darf jedes Kind vorsichtig ein buntes Blatt wegnehmen und vorerst in der Hand behalten. Wenn alle ihre Blätter haben, dürfen diese umgedreht werden. Auf der Rückseite finden sich Insekten und kleine Tiere. Ein Lied wird angestimmt und die Kinder legen die Tiere passend zum Liedtext wieder zurück auf das braune Tuch. Die Kinder werden aufgefordert genau auf den Text zu hören, damit sie ihren Einsatz, das Tier zurückzulegen, nicht verpassen. Die Blätter werden immer mehr und die Tiere sind wieder versteckt unter dem Laub. Zum Abschluss wird ein Reim vorgelesen und ein Kind darf den Igel zum Winterschlaf unter dem Laubhaufen verstecken.

Rätsel

Wer versteckt sich hier im Herbstlaub?

Gesucht ist ein Tier, das tagsüber schläft und sich am Abend oder in der Nacht fleißig auf Futtersuche macht. Es frisst Käfer, Schnecken, Asseln, Regenwürmer, Spinnen und noch so vieles Kleintier mehr. Das Tier frisst sich kugelrund und dick, um den kalten Winter, der bald bevorsteht, gut zu überstehen. Im Herbst, Mitte November, wenn es von Tag zu Tag immer kälter wird sucht es sich ein Plätzchen für den Winterschlaf – ein großer Blätterhaufen mit Zweigen, geschützt unter einer Hecke, eignet sich bestens. Dort zieht sich unser Tier zurück und schläft bis in den Frühling hinein.

Lied – zur Melodie: *Bruder Jakob*

Es kriecht eine Schnecke, es kriecht eine Schnecke
durch das Laub, durch das Laub
versteckt sich unter Blättern, versteckt sich unter Blättern
weg ist sie, weg ist sie.

Es krabbelt ein Käfer, es krabbelt ein Käfer
durch das Laub, durch das Laub
versteckt sich unter Blättern, versteckt sich unter Blättern
weg ist er, weg ist er.

Es kriecht eine Raupe, es kriecht eine Raupe
durch das Laub, durch das Laub
versteckt sich unter Blättern, versteckt sich unter Blättern
weg ist sie, weg ist sie.

Es trippelt eine Spitzmaus, es trippelt eine Spitzmaus
durch das Laub, durch das Laub
versteckt sich unter Blättern, versteckt sich unter Blättern
weg ist sie, weg ist sie.

Es springt ein Eichhörnchen, es springt ein Eichhörnchen
durch das Laub, durch das Laub
versteckt sich unter Blättern, versteckt sich unter Blättern
weg ist es, weg ist es.

Es hüpft ein Frosch, es hüpft ein Frosch
durch das Laub, durch das Laub
versteckt sich unter Blättern, versteckt sich unter Blättern
weg ist er, weg ist er.

Es krabbelt eine Spinne, es krabbelt eine Spinne
durch das Laub, durch das Laub
versteckt sich unter Blättern, versteckt sich unter Blättern
weg ist sie, weg ist sie.

Sternen-zauber

Material

- ein Stoffsäckchen
- Anleitungskarte mit zwei Spielideen
- Kopiervorlage
- Sternschnuppen (Aufkleber)
- dunkelblaues oder schwarzes Tuch
- batteriebetriebene Lichterkette
- Sternenkekse, mit Liebe gebacken
- Requisiten für die Spielideen
  - Taschenlampe
  - Schattenwandkulisse
  - Lampe

Vorbereitung

Die Kopiervorlage Sterne ausdrucken, die Anzahl der Kinder berücksichtigen – für jedes Kind gibt es einen Stern. Die Sterne ausschneiden und vor dem Laminieren so viele Sternschnuppen auf der Rückseite anbringen, wie Überraschungen im Säckchen versteckt sind.

Spielanleitung

Ein schwarzes Tuch liegt in der Mitte des Kreises, darauf verteilt so viele Sterne, wie Kinder anwesend sind. Der Raum wird abgedunkelt, eine Lichterkette auf dem Tuch zaubert eine schöne Abendstimmung. Jedes Kind darf sich einen Stern am Nachthimmel pflücken. Ein paar Kinder finden auf der Rückseite ihres Sternes eine Sternschnuppe. Diese Glückskinder dürfen nacheinander, die im Säckchen versteckten Überraschungen (eine Taschenlampe, einen Sternenkeks, einen Stern) hervorholen. Die Taschenlampe und der Stern stehen für ein Spiel, der Sternenkeks für eine kleine Naschrunde. Tuch und Lichterkette werden zur Seite gelegt. Die Kinder legen ihren Stern unter den Stuhl, und los geht es mit der funkelnden Spielrunde.

Wir tauchen in die zauberhafte Welt der Sterne ein und schauen, ob wir eine Sternschnuppe sehen.

Spiel-
ideen

1

2

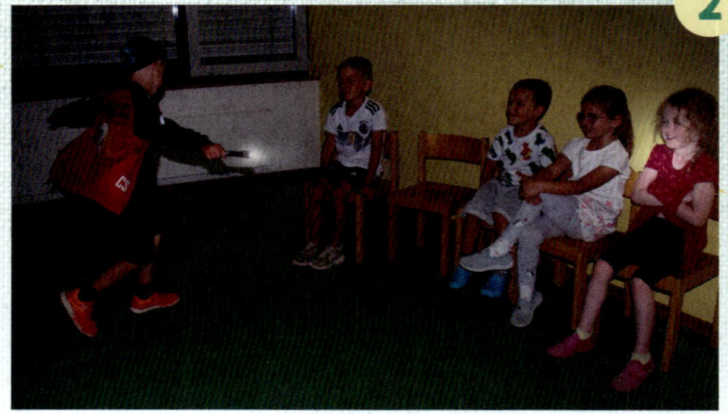

Reim

Es hat sich versteckt ein Kind,
hinter der Schattenwand ganz geschwind.
Du darfst nun raten, das Licht geht an.
Es ist ... (Namen des Kindes einsetzen)
und sie/er ist nun als Nächste dran.

Für das Schattentheater wird ein großer, weißer Stoff (Vorhangstoff oder Bettlaken) gespannt. Hinter der Kulisse wird eine lichtstarke Lampe aufgestellt. Der Raum wird abgedunkelt. Die Kinder sitzen im Halbkreis. Das Kind, das den Stern aus dem Säckchen gezogen hat, darf vor die Türe gehen. Ein Kind wird ausgewählt und stellt sich mit seinem Stern hinter die Schattenwand. Das hereingerufene Kind darf nun raten, wessen Profil zu sehen ist. Danach sind die nächsten beiden Kinder dran und das Spiel beginnt von vorne.

Lied – zur Melodie: *Dreh dich kleiner Kreisel*

Sternlein hier im Kreise leuchte ganz hell,
leuchte einmal rundherum und bleib dann steh'n.

Alle Kinder sitzen im Kreis. Ein Kind wird ausgewählt und stellt sich in die Kreismitte, um das Sternlein im Kreis zu sein. Während des Singens bewegt sich das Kind mit der Taschenlampe in der Hand, um die eigene Achse. Ist das Lied zu Ende gesungen, bleibt das Kind stehen und der Schein der Taschenlampe strahlt ein Kind an. Dieses darf als Nächstes in die Kreismitte kommen. Das erste »Sternleinkind« setzt sich wieder an seinen Platz und das nächste ist dran.

Wir schmücken unseren Weihnachts-baum

Material

- ein großes Stoffsäckchen
- Anleitungskarte mit Mitmachgedicht
- drei grüne Tücher und ein braunes Tuch (es eignen sich auch hervorragend Servietten)
- weißes Konfetti (Papierreste aus dem Locher)
- Weihnachtsschmuck (Kugeln, Sterne, Glöckchen)
- Teelichter und Streichhölzer
- CD Player und Entspannungsmusik
- Kopiervorlage mit Ausmalbild
- Malstifte und Bastelzubehör

Mitmachgedicht

Im Wald zur Winterszeit steht ein Baum,
wunderschön ihr glaubt es kaum.
Der Spielleiter legt mit den Tüchern oder Servietten einen Tannenbaum.

Auf seiner Baumspitze – das steht ihm gut,
trägt er noch einen (schnee)weißen Hut.
Weißes Konfetti wird über die Baumspitze gestreut.

Wir gehen jetzt los und holen den Baum
Bewegung nachahmen.

und schmücken ihn in unserem Gruppenraum.
In unserer Mitte da wird er jetzt sein
wunderschön leuchtend, im Kerzenschein.
Mit Sternen, Glöckchen, Kugeln und Kerzen
erfreut der Christbaum alle großen und kleinen Herzen.
Das Stoffsäckchen, gefüllt mit Weihnachtsschmuck, wandert im Kreis umher und jedes Kind darf sich eins herausholen und auf den Baum legen.

Im Hintergrund wird weihnachtliche Musik gespielt. Der Spielleiter stellt zum Schluss noch die Kerzen auf und zündet sie an.

Der Christbaum ist geschmückt und bereit,
Weihnachten ist nicht mehr weit.

Weiterführende Aktivität

Mit Malstiften und unterschiedlichen Bastelmaterialien gestalten die Kinder ganz individuell ihren eigenen Weihnachtsbaum.

Kommt, lasst uns einen Schneemann bauen

Material

- ein Stoffsäckchen
- Anleitungskarte mit Mitmachgedicht
- Kopiervorlage
- 1 großes, weißes Tuch
- Körbchen mit weißen Glassteinen
- schwarze Knöpfe

Mitmachgedicht

Kommt, lasst uns einen Schneemann bauen
hier in unserem Kreis,
um uns herum wird dann vom Schnee
alles ganz schön weiß.

Der Spielleiter legt ein weißes Tuch in die Kreismitte

Schneeflocken fallen vom Himmel,
überall ein Schneegewimmel.

Ein Körbchen mit weißen Glassteinen wandert im Kreis umher und jedes Kind darf sich einen davon nehmen und auf das weiße Tuch legen.

Jetzt greift mal in das Säckchen rein,
da findet ihr ein kleines Schneemännlein.

Das Stoffsäckchen, gefüllt mit den Schneemannbauteilen wandert im Kreis umher und jedes Kind darf sich eines herausholen und vorerst in der Hand behalten.

Drei Kugeln, schwarze Knöpfe,
eine Möhre und auf den Kopf,
da kommt der Hut,
der steht dem Schneemann sicher gut.
Alle helfen mit –
unser Schneemann wird der Hit.

Gemeinsam wird nun der Schneemann gebaut. Jedes Kind legt, wie im Gedicht beschrieben, nacheinander sein Bauteil ab.

Hurra, nun steht der Schneemann da,
mit oranger Nase und schwarzem Mund,
einfach schön und kugelrund.

Das Spielsäckchen geht auf die Reise

Material

- ein Stoffsäckchen
- Anleitungskarte mit Spielideen
- Kopiervorlage
- Requisiten für die Spielideen
  - große Feder
  - Ministempel Biene und Stempelkissen wasserfest oder Aufkleber einer Biene

Vorbereitung

Das Säckchen wird mit den Symbolen (Biene, Vogel und Marienkäfer) der Kopiervorlage gefüllt. Für eine größere Spielauswahl und zur Wiederholung der Kreis- und Fingerspiele aus dem Buch, können weitere Symbole/ Spielideen aus den anderen Säckchen hinzugefügt werden.

Spielanleitung

Alle Kinder sitzen im Stuhlkreis. Das Spielsäckchen wird zu folgendem Text von einem Kind zum anderen Kind weitergereicht. Ist der Vers zu Ende gesprochen, bleibt das Säckchen bei einem Kind stehen. Dieses darf in das Säckchen greifen, ein Symbol entnehmen und sogleich mit dem Spiel beginnen. Nach dem gemeinsamen Spiel wandert das Säckchen erneut im Kreis herum.

Sprechvers

Das Säckchen macht sich auf die Reise,
wir alle sind jetzt still und leise.
Wir geben es weiter von Hand zu Hand,
ihr lieben Kinder seid gespannt.
Jetzt hält das Säckchen an und du bist dran.

Spiel-
ideen

1

2

Lied – zur Melodie: *Kommt ein Vogel geflogen*

Federn sind flauschig und für ein sinnliches Erleben und einen stillen Moment besonders schön. Wir halten für einen Augenblick die Zeit an, werden ganz leise und entspannen uns. Die Kinder legen ihre Hände in den Schoß und schließen die Augen. Der Spielleiter singt folgendes Lied, geht mit einer Feder im Kreis herum und streicht behutsam über die kleinen Kinderhände.

Kommt ein Vogel geflogen,
hier in unseren Kreis.
Streichelt sanft die Kinderhände,
mit seinem bunten Federkleid.

Lied – zur Melodie: *Ich bin ein dicker Tanzbär*

Ich bin ein kleiner Käfer und fliege her zu dir,
ich reich dir meine Flügel, komm mit und flieg' mit mir.
Wir fliegen einmal hin und her,
wir fliegen einmal rundherum.
Wir fliegen einmal hin und her,
wir fliegen rundherum.

Die Käfer sind nun müde
und fliegen schnell nach Haus.
Das Lied ist zu Ende, das Spiel nun leider aus.

Ein Kind beginnt das Spiel. Es fliegt als kleiner Käfer im Kreis umher, wählt ein Kind aus, streckt ihm beide Hände entgegen und fordert es mit dieser Geste zum Mitmachen auf. Beim Singen des Refrains (Wir fliegen einmal hin und her, ...) bewegen sich die Kinder mit. Das Spiel wiederholt sich, bis alle Kinder aus dem Kreis mitspielen können. Zum Abschluss wird die letzte Strophe gesungen und alle Kinder setzen sich wieder zurück auf ihren Platz.

3

Fingerspiel

Eine kleine Biene fliegt im Blumenmeer
einmal hin und einmal her.
Fliegt eine Acht,
aufgepasst und mitgemacht.
Die Biene fliegt rauf und runter
und ist dabei ganz munter.
Fliegt einmal nach links und dann nach rechts,
so wird der Bienenflug perfekt.

Mit dem Zeigefinger werden die Bewegungen (hin und her, rauf und runter, ...) nachgezeichnet. Ein Bienenaufkleber oder Bienenstempel auf dem Finger lädt die Kinder zum Mitmachen ein.

Freispielzeit

Eine Hand voll Glück

Material

- ein Stoffsäckchen
- Anleitungskarte
- Kopiervorlage
- Kopierpapier (dickeres Papier wählen, damit auf der Rückseite nichts durchscheint)
- Aufkleber Glücksbringer oder Streuteile Marienkäfer

Spielanleitung

Das Spiel beginnt damit, dass alle Glückssymbolkärtchen gemischt und anschließend verdeckt auf den Tisch gelegt werden. Jedes Kind bekommt eine Legekarte in Form einer Hand. Ein Kind beginnt und darf ein Kärtchen aufdecken. Ziel ist es, fünf unterschiedliche Glückssymbole zu sammeln und jeweils auf einen Finger der Hand zu legen. Wird ein Symbol doppelt aufgedeckt, wird es wieder umgedreht und mit den anderen Glückssymbolen durcheinander gemischt. Dann ist der Nächste an der Reihe.

Sieger ist, wer alle Glückssymbole als Erstes gesammelt hat. Dem Gewinner winkt ein kleiner Preis. Er darf für sich und die anderen Mitspieler je einen Aufkleber oder Streuteil aus Holz aussuchen und verteilen.

Kartenspiel: Wer bekommt das Schoko-Ei?

Material

- **ein Stoffsäckchen**
- **Anleitungskarte**
- **Kopiervorlage** (jede Seite muss doppelt kopiert werden)
- **Kopierpapier** (dickeres Papier wählen, damit auf der Rückseite nichts durchscheint)
- **Spielkartenhalter** (erleichtert das Kartenspielen für Kinder) – hat man keine zur Hand, finden sich im Internet einfache Anleitungen zum Selbermachen

Spielidee für 2 Kinder

Ostereier-Karten werden gut durchgemischt, inklusive dem braunen Schoko-Ei. Die Karten werden gleichmäßig an die Spieler verteilt. Jedes Kind schaut in seinem Kartenstapel nach, ob es zwei Ostereier findet, die zusammenpassen. Diese dürfen zur Seite gelegt werden. Das jüngste Kind fängt an und darf bei seinem Mitspieler ein Osterei ziehen. Zieht man ein Ei vom Spielpartner, das zusammen mit dem eigenen Ei auf der Hand ein Pärchen bildet, darf dieses zur Seite gelegt werden. Kann kein Paar gebildet werden, muss man die Osterei-Karte behalten. Das Spiel endet, wenn alle Ostereier auf dem Tisch liegen. Es kann nur noch eine Karte übrig sein – das braune Schoko-Ei. Wer dieses Ei zuletzt noch auf der Hand hält, ist der Gewinner.

Kann selbstverständlich auch als Memory gespielt werden!

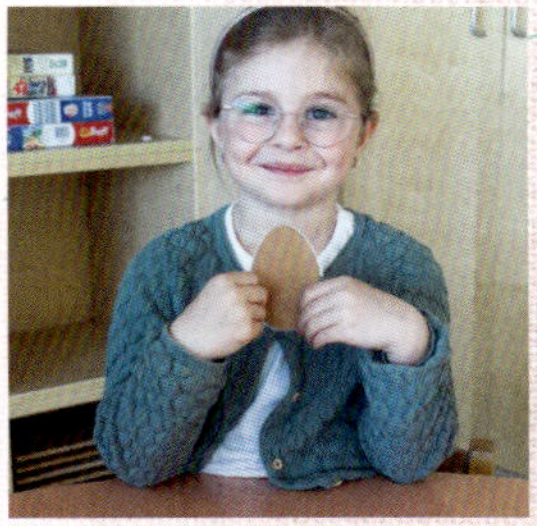

Hinweis

Beim Kartenspiel wird eine der beiden Karten mit nur einem Schoko-Ei zur Seite gelegt. Beim Memory spielen bleiben beide Karten im Spiel.

Kreativkissen Abenteuer Unterwasser-welt

Material

- ein Stoffsäckchen
- Anleitungskarte
- genähtes Motivkissen aus Baumwollstoff, gefüllt mit waschbarer Füllwatte
- Streuteile maritim, Glitzersteine und Perlen mit Öffnung, passend zur Nadel
- kleine Aufbewahrungsgläser oder Döschen
- Stecknadeln mit Kopf

Spielanleitung

Einstiegsidee – eine kurze Motivationsgeschichte regt die Fantasie der Kinder an und schafft einen spannenden Übergang zur Spielaktion:

Die kleine Meerjungfrau Ava lebt mit ihren Freundinnen weit draußen im Meer. In dieser zauberhaften Unterwasserwelt gibt es sehr viel Schönes zu entdecken. Ava liebt es sehr im Meer abzutauchen und auf Entdeckungsreise zu gehen.

Erschaffe Ava ein einzigartiges Zuhause, in dem sie sich wohlfühlen kann. Mit Fischen, Muscheln, Glitzersteinen, Seepferdchen und Seesternen kannst du Avas Reich beleben und fantasievoll ausschmücken. Nimm dir vorsichtig eine Nadel nach der anderen und stecke damit die Meerestiere auf dem Kissen fest.

Bei den Stecknadeln ist es besonders wichtig, vorsichtig zu sein. Pass gut auf, dass sie nicht verloren gehen, du sie nicht versehentlich verschluckst oder du dich daran piekst!

Hinweis

Die Benutzung des Säckchens ist nur für ältere Kinder und unter Aufsicht eines Erwachsenen geeignet.

Viel Spaß!

Baustein Katapult

Material

- ein Stoffsäckchen
- Anleitungskarte
- Klemmbausteine und Platten

Spielanleitung

Zu Beginn des Spieles wird die Platte (z. B. 4 × 10 Noppen) mittig so auf den Baustein (2 × 4 Noppen) gesteckt, dass die Konstruktion wie eine Wippe aussieht. Die Kinder können nun ein Bausteinchen auf eine Seite der Wippe legen und dieses weg katapultieren, indem sie die Wippe auf der gegenüberliegenden Seite herunterdrücken.

Aufgepasst!
Die Bausteine können weit und hoch fliegen.

Durch das Beobachten und Experimentieren können die Kinder versuchen, die Bausteine möglichst weit und hoch zu schleudern. Auch als Wettspiel sehr gut geeignet. Wer die meisten Steine in das zuvor gebaute Ziel katapultiert, gewinnt das Spiel!

Kinder darauf hinweisen, dass sie bei diesem Spiel gut aufeinander achten müssen. Keiner sollte von einem Stein getroffen werden.

Zum Wegwerfen viel zu schade

Material

- ein großes Stoffsäckchen
- Anleitungskarte
- Deckel in allen Größen, Formen und Farben
- breite Holzstäbchen
- Holzquadrate

Upcycling Idee für mehr Nachhaltigkeit

- Spaß beim Bauen mit Flaschendeckeln, Holzquadraten und breiten Holzstäbchen (Eisstiele).
- Kreatives, buntes und preiswertes Baumaterial, das die Kinder zu vielseitigem und fantasievollem Spielen anregt.
- Einfach perfekt für kleine und große Baumeister, mit unendlich vielen Spielmöglichkeiten (Türme und Gebäude bauen und konstruieren, schöne Muster legen, Flaschendeckel nach Formen und Farben sortieren, und vieles mehr). Die jüngeren Kinder lieben das Be- und Entladen eines Lastwagens mit den Flaschendeckeln als Rollenspiel »auf der Baustelle«.

Viel Spaß beim gemeinsamen Gestalten & Bauen!

Krims-krams Sammel-freude

Material

- ein Stoffsäckchen
- Anleitungskarte
- Krimskrams

Spielanleitung

Mit Krimskrams werden kleinere, ungeordnet herumliegende Dinge, die als unbedeutend und unwichtig angesehen werden, bezeichnet. Gerade Kindern können wir mit diesen für uns wertlosen Kleinigkeiten eine Freude machen. Noch dazu, wenn sie hübsch verpackt in einem Stoffsäckchen sind. Eine Schublade voller Krimskrams findet sich in fast jedem Zuhause. Diese Dinge, die für uns keinerlei Bedeutung haben, können für Kinder wahre Schätze sein. Sie können in diesem Stoffsäckchen gesammelt und immer wieder ausgetauscht werden.

Diese Schätze laden die Kinder dazu ein, sich eine kleine Auszeit vom Trubel zu nehmen und sich damit nach Belieben zu beschäftigen.

Ein Säckchen voller bunter Überraschungen lädt die Kinder zum Entdecken, Spielen und Verweilen ein.

Kunterbunter Rätselspass

Material

- ein Stoffsäckchen
- Anleitungskarte mit Quizfragen
- Kopiervorlage
- bunte Holzperlen
- Fädelschnüre

Spielanleitung

Jedes Kind darf sich eine Schnur zur Hand nehmen. Die Holzperlen liegen verteilt auf dem Tisch. Der Spielleiter liest Quizfragen rund um das Thema Obst und Gemüse vor. Zum Beispiel: Welche Farbe hat die Zitrone? Wenn das Kind glaubt die Farbe erraten zu haben, schnappt es sich schnell die passende Farbperle. Gewonnen hat der Spieler mit den meisten aufgefädelten Holzperlen. Dieses Spiel kann von mehreren Kindern, genauso wie von einem einzelnen Kind, gespielt werden. Als Gruppenspiel werden die Aufmerksamkeit, die Reaktionsfähigkeit und die Schnelligkeit der Kinder trainiert.

Diese Spielidee kann durch andere Quizfragen immer wieder neu belebt werden, für Abwechslung sorgen und sich nach dem Alter der Kinder richten. Für ältere Kinder können auch Rätsel und Scherzfragen für Spannung sorgen. Zum Beispiel, »Welcher Mann schmilzt in der Sonne?« – »Der Schneemann«. Wichtig hierbei ist, dass immer die farblich passenden Holzperlen zu den Rätseln im Säckchen sind.

Tipp

Als Alternative zum Auffädeln der Perlen kann auch ein Malprojekt für Abwechslung sorgen. Eine Malvorlage (Abbildung Perlenkette) findet sich bei den Kopiervorlagen. Auch hier hören sich die Kinder die Quizfragen an und malen dann die Antworten in der entsprechenden Farbe aus. Dazu Malstifte passend zu den gestellten Fragen bereitstellen.

ab 5 Jahren

Kleine Spinnennetz-bauer

Material

- ein großes Stoffsäckchen
- Anleitungskarte mit Reim und Beispielbild
- Kopiervorlage
- Holzbrett (23 cm × 23 cm)
- Hammer und Nägel (2 mm × 20 mm)
- Spinne und Fliege aus Kunststoff
- Gummibänder und Loombänder
- Würfel

Hast du schon einmal einer Spinne zugesehen, wie sie ihr Netz baut? Schaffst du es, wie das kleine Spinnentier auch ein Netz zu weben?

Im Säckchen findest du ein Holzbrett mit Nägeln bestückt und kleine und größere Gummibänder, die von Nägelchen zu Nägelchen gespannt werden.

Spielanleitung

Nimm den Würfel (nur 1–3 Augen) zur Hand, für jedes Auge das du würfelst darfst du dir ein Gummi nehmen und das Spinnennetz Gummi für Gummi fertig bauen. Ein Beispielbild hilft dir bei der Umsetzung. Hast du es geschafft, darfst du die kleine Spinne in ihr Netz setzen.

Im Säckchen hat sich noch eine Fliege versteckt. In einem kleinen Rollenspiel fliegt die Fliege umher und verfängt sich im Netz der Spinne.

Reim

Die Fliege summt und summt herum,
über dem Spinnennetz mit Gebrumm.
Doch plötzlich fällt sie ins Netz hinein
und hängt jetzt drin mit ihrem Bein,
das findet sie jetzt gar nicht fein.

Mein Kindergarten Trostsäckchen

Material

- ein Stoffsäckchen
- Anleitungskarte mit Reim
- kleines Kuscheltier
- Minibücher
- Pflaster
- Taschentücher

Das Säckchen kann dabei helfen Kinder zu trösten, wenn sie sich weh getan haben, wenn der Abschied von Mama oder Papa heute besonders schwer war oder sie auf der Suche nach ein bisschen Aufmerksamkeit und Zuneigung sind, oder das Kind einfach nicht gut gelaunt ist. Es kann von einer pädagogischen Fachkraft angeboten, oder nach Absprache mit den Kindern für jeden sichtbar und zugänglich aufgehängt, und, bei Bedarf, hergeholt werden. Kinder lieben Reime, noch dazu, wenn es ein Zauberreim ist. Der Reim hilft Hokuspokus, kleine Wehwehchen schnell wegzuzaubern.

Reim

Dieses Säckchen, liebes Kind,
zaubert die Traurigkeit fort geschwind.
Hokuspokus schau hinein,
das Kuscheltier möchte gerne bei dir sein.
Es tröstet dich, ist für dich da,
einfach prima und ganz wunderbar.
Hokuspokus schau hinein,
im Säckchen findest du ein Büchlein klitzeklein.
Mit einer Geschichte hübsch und fein,
und die ist ganz für dich allein.
Hokuspokus schau hinein,
noch ein Pflaster und Nasentüchlein,
bald geht's dir besser, du wirst sehen
und dann kannst du wieder Spielen gehen.

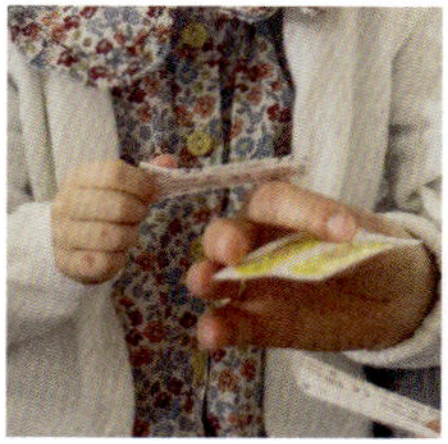

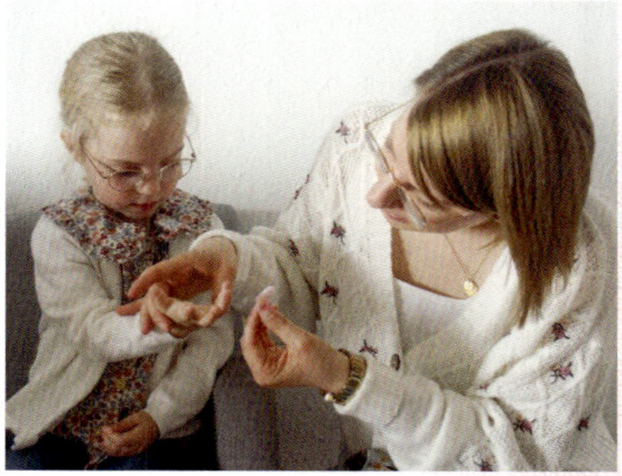

Kunterbuntes Farbensuch-spiel

Material

- ein Stoffsäckchen
- Anleitungskarte
- Kopiervorlage
- Kopierpapier (dickeres Papier wählen, damit auf der Rückseite nichts durchscheint)
- Bausteine in den Farben der Farbkreise auf der Kopiervorlage

Vorbereitung

Immer zwei Bausteine werden farblich, wie die Farbkreise dargestellt sind, zusammengesteckt. Hat man bestimmte Bausteine nicht zur Hand, werden die Farbkreise einfach zur Seite gelegt. Für jüngere Kinder kann das Spiel vereinfacht werden, indem auch die einfarbigen Farbkreise verwendet werden und nur eine Kopie der Bausteine mit den Farbkombinationen hinzugefügt wird.

Spielanleitung

Das Spiel beginnt damit, dass alle Farbkreise gemischt und anschließend verdeckt auf einen Stapel gelegt werden. Die Bausteine liegen mit Abstand in der Mitte, damit man jeden Baustein gut anfassen kann. Ein Kind beginnt und darf einen Farbkreis aufdecken, auf dem sich eine Farbkombination befindet. Alle Kinder spielen gleichzeitig und suchen so schnell wie möglich nach den Bausteinen der zwei Farben auf dem Farbkreis. Jeder Baustein befindet sich nur einmal in der Mitte, sodass das Kind, das als erstes mit dem Finger den farblich passenden Baustein berührt, diesen nehmen darf. Gewonnen hat das Kind mit den meisten Bausteinen!

Spielvariante

Eine weitere Spielvariante, ein Zuordnungsspiel, sorgt für Abwechslung. Die Bausteine liegen alle einzeln im Säckchen. Aufgabe ist es, die auf den Kreisen abgebildeten Farbkombinationen zu finden, indem die Klemmbausteine zusammengesteckt und den Kreisen zugeordnet werden. Ein Spiel besonders für die jüngeren Kinder, um sich mit den Farben vertraut zu machen.

Nähanleitung für Säckchen

Material

- 2 × Außenstoff – 22 cm × 32 cm inklusive Nahtzugabe von 0,7 cm (Nähfüßchen breit)
- 2 × Innenstoff – 22 cm × 32 cm
- 2 × Kordel oder Stoffband – 65 cm Länge, Breite nach Belieben

Für ein Säckchen benötigt man etwa 45 Minuten.

Hinweis

Für die Säckchen »**Zum Wegwerfen viel zu schade**« und »**Kleine Spinnennetzbauer**« werden größere Säckchen genäht (passend zum Inhalt).

Tipp

Eine Schablone aus Pappe (22 cm × 32 cm) erleichtert das Aufzeichnen, wenn man mehrere Säckchen anfertigen möchte.

1

2

Die beiden Außenstoffe, sowie die beiden Innenstoffe rechts auf rechts mit der schönen Seite nach innen legen…

3

…und mit Stecknadeln, wie auf der Abbildung gezeigt, fixieren. Für den Tunnelzug 3 cm und 6 cm auf beiden Seiten abmessen, für den Innenstoff eine Wendeöffnung von 10 cm mit einer Stecknadel markieren.

4

Mit einem Geradstich die langen Seiten und die untere Seiten zunähen. Beim Nähen des Tunnelzuges und der Wendeöffnung Nähte verriegeln (mit zwei wiederholenden Vor- und Rückstichen sichern). Die Ecken diagonal abschneiden.

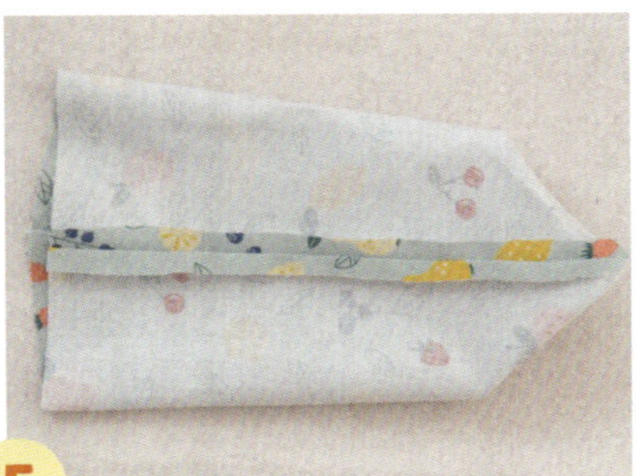

5

Mit dem Bügeleisen die Nahtzugaben des Außen- und Innenbeutels auseinander bügeln.

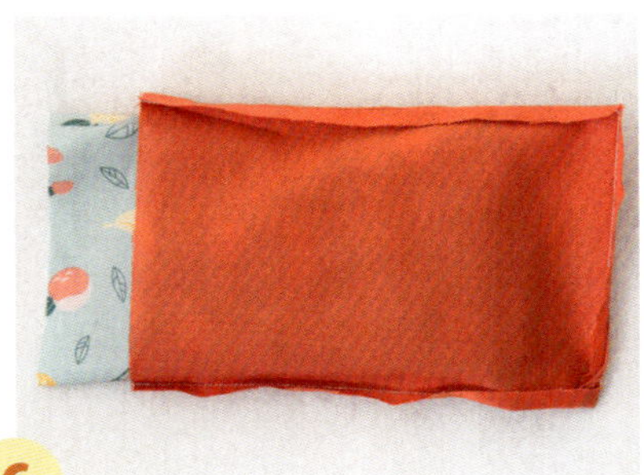

6

Den Außenbeutel umdrehen und in den Innenbeutel stecken, die offenen Kanten bündig zueinander legen.

7

Die Nahtzugaben aufeinanderlegen und mit Stecknadeln fixieren.

8

Innenbeutel und Außenbeutel an der oberen Kante Füßchen breit rundherum mit einem Geradstich zusammennähen. Nach dem Nähen Stecknadeln entfernen, abstehende Fäden abschneiden, …

9

… den Außenbeutel durch die Wendeöffnung des Innenbeutels ziehen. Die Ecken mit einen Stift in Form bringen.

10

Einmal drüber bügeln, …

11

… Innenbeutel in den Außenbeutel stecken, Kanten sauber übereinander legen und bügeln.

12

Tunnelzug nähen:
Mit einem Abstand von 2 cm und 4,5 cm erneut ringsum einmal zusammennähen.

Tipp

Ich orientiere mich an der Markierung der Nähmaschine. Die ich zuvor mit Klebebändern fixiert habe. Darauf achten, dass die untere Seite nicht mit genäht wird.

13

Mit Hilfe einer Sicherheitsnadel das Stoffband durch den Tunnelzug fädeln. Das erste Band rechts durch die Öffnung stecken und einmal rundherum bis zum Anfang durchziehen und verknoten.

14

Das zweite Band von der anderen Seite beginnend durchziehen und verknoten.

14

Zum Schluss die Wendeöffnung des Innenbeutels verschließen. Hierzu den Innenbeutel herausziehen, die Kanten der Nahtzugabe nach innen bügeln. Mit Stecknadeln fixieren und zunähen.

15

Ein Ausfransen der Bänder verhindert man, indem sie schräg abgeschnitten und die Enden kurz in Wachs getaucht werden.
Fertig ist das Stoffsäckchen.

Viel Spaß beim Nähen!

Die Autorin

Tatja Deck

Tatja Deck lebt mit ihrem Mann im Schwarzwald und ist Mutter zweier erwachsener Kinder. Seit mehr als 30 Jahren ist sie als Erzieherin tätig. Kinder und Kreativität sind ein fester Bestandteil in ihrem Berufsalltag. Wichtig ist für sie hierbei, mit ganzem Herzen und voller Energie bei den Kindern zu sein, sowie die Zeit mit jedem Kind individuell und ohne Druck zu gestalten.

Die liebevoll gestalteten Stoffsäckchen kamen schon des Öfteren in ihrer Arbeit als Vertretungskraft und im privaten Bereich zum Einsatz. Die Kinder waren jedes Mal begeistert. Diese Begeisterung machte ihr soviel Mut, ihre Ideensammlung in diesem Buch festzuhalten und mit der Öffentlichkeit zu teilen.

Danksagung

Danke! – Ein kleines Wort, das von Herzen kommt.

Es ist an der Zeit mich mit diesen abschließenden Worten bei all denjenigen zu bedanken, die mich bei meinem Herzensprojekt unterstützt haben. Es waren viele helfende Hände beteiligt, um dieses Werk ins Leben zu rufen und meinen Traum vom eigenen Buch zu verwirklichen.

Vielen, lieben Dank an alle, ich weiß Eure Unterstützung sehr zu schätzen!

Ein ganz besonderes Dankeschön möchte ich all den Kindern aussprechen, ohne die dieses Buch nie zustande gekommen wäre.

Danke an Sie, liebe Leserinnen und Leser, Kolleginnen und Kollegen, die mein Buch gekauft haben und die Säckchen erfolgreich und mit viel Freude umsetzen.

Bananenblau 2021 | ISBN 978-3-946829-64-5